はじめに

みなさんは、将来、どんな仕事をしてみたいか、考えたことがありますか？
「小さいころからあこがれている仕事があるんだ」という人もいるでしょうし、「今はちょっと決められないなあ……」という人もいるでしょう。「将来のことなんて今考えても仕方がないよ」と思っている人もいるかもしれませんね。

この本は、そんなみなさん全員に向けて作られたものです。

みなさんは、この世の中にどんな仕事があるか、どのくらい知っていますか？　実は、今ある職種だけでも約三万種類。仕事って、本当にいろいろあるんです。

あこがれている仕事があるという人は、その仕事にかかわるほかの仕事についても知っておいてください。すべての仕事は、たくさんの人がそれぞれプロとして協力し合って成立しているものです。自分がやりたい仕事にどれだけの人がどんなふうにかかわっているかを知ることはとても大事です。もしかしたら、もっとやりたい仕事に出合うこともできるかもしれません。また、あこがれている仕事にどうやったら就けるのか、今からできる努力はどんなことなのかなどを知ると、その仕事に一歩近づくでしょう。

キャリア教育にぴったり！

好きなモノから見つけるお仕事

あそびから見つける

テレビ／サッカー
絵本／音楽／ゲーム

①

監修　藤田晃之
（筑波大学　人間系　教授）

Gakken

目次

1 あそびから見つける

テレビ … 4
- タレント・モデル …… 6
- テレビプロデューサー …… 8
- ほかにも、こんな職業(しょくぎょう)の人がかかわっているよ! …… 10

サッカー … 12
- サッカー選手 …… 14
- サッカーコーチ …… 16
- ほかにも、こんな職業(しょくぎょう)の人がかかわっているよ! …… 18

コラム
ものを作るお金はどこから来るの?
〜会社と銀行・株式(かぶしき)〜 …… 20

絵本 … 22
- 絵本作家 …… 24
- 絵本の編集者(へんしゅうしゃ) …… 26
- ほかにも、こんな職業(しょくぎょう)の人がかかわっているよ! …… 28

音楽 30

- ミュージシャン …………………… 32
- レコーディングエンジニア …………… 34
- ほかにも、こんな職業の人がかかわっているよ！ …………… 36

ゲーム 38

- ゲームプロデューサー …………………… 40
- ゲームキャラクターデザイナー …………… 42
- ほかにも、こんな職業の人がかかわっているよ！ …………… 44

> コラム
>
> 職場体験学習へ行こう！
> 〜将来なりたい職業を考えてみよう〜 …………… 46

※この本に掲載している情報は、2017年時点のものです。
※各章冒頭のフローチャートは、モノがどのような職業や過程を経て「あなた」につながっているかを簡易的に記したものです。実際の企業活動や流通過程などとは異なる場合があります。
※インタビューページの「〇〇のある1日」や「〇〇ができるまで」は、取材先やご登場いただいた方の一例です。
※インタビューページの「〇〇になるには？」の囲みにある「大学」という表記は広義の意味で使用しており、大学や短期大学、大学院などを含んでいます。また、なり方のチャートはおもな例です。職業によっては、この本で示した以外にいくつものなり方があります。関連する書籍・ウェブサイトなどもあわせて参考にしてください。

あそびから見つける 1

好きなモノから見つけるお仕事

テレビ

番組を考える

テレビプロデューサー
番組の責任者として、予算の管理や収録の進行など、番組のすべてを管理する。

\ もっと / くわしく
千葉テレビ放送株式会社
小倉奈保美さん
▶P8-9

▶P11

放送作家
テレビ番組などの企画を考えて、収録を行うための台本を書く。

番組をとる

テレビディレクター
制作現場の責任者。出演者や演出を決定したり、制作スタッフへの指示を出したりして、番組作りを取り仕切る。

アシスタントディレクター
ディレクターの補佐役。出演者の交渉やロケ場所のリサーチなど、ディレクターの仕事のサポートをする。

マネージャー ▶P10

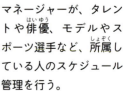

芸能事務所・マネジメント会社
マネージャーが、タレントや俳優、モデルやスポーツ選手など、所属している人のスケジュール管理を行う。

4

テレビにはたくさんのチャンネルがあり、ニュースやドラマ、バラエティ、アニメなど、さまざまな番組を見ることができます。一度に大勢の人へ情報を届けているテレビの向こう側では、どんな人たちが働いているのでしょうか。

▶P11

放送技術者
番組を全国の放送局に送ったり、映像や音声が正確に届くように周波数の調整を行ったりする。

テレビカメラマン／テクニカルディレクター
撮影の技術者。カメラマンは撮影をし、テクニカルディレクターは台本に沿って画面を切り替えて、収録を進める。

音声／照明
きれいな音や映像をとることができるように、マイクや照明の調整を行う。

舞台美術
企画やイメージに合うように、収録スタジオの空間や出演者が使用する小物などを作る。

あなた

タレント・俳優
番組に出演して、番組を盛り上げる。その場に合ったコメントを求められることも多い。

\ もっと /
く わ し く

タレント・モデル
株式会社スターダストプロモーション
佐藤栞里さん
▶P6-7

メイクアップアーティスト ▶P10

メイクアップアーティスト／スタイリスト
メイクアップアーティストが出演者のメイクや髪型のセットをし、スタイリストが衣装などを用意してコーディネートをする。

タレント・モデル

株式会社
スターダストプロモーション
佐藤　栞里さん

ティーンズ向け雑誌にてモデルデビュー。現在は多くのバラエティ番組でも活躍中。

タレント・モデルってどんな仕事？

バラエティをはじめとするテレビ・ラジオの番組などに出演します。また、雑誌の仕事もあります。テレビ・ラジオの番組では、ほかの出演者の話す内容に合わせてコメントをするなどして、番組を盛り上げたり、番組内容に厚みを持たせたりします。司会やナレーターを務めることもあります。

タレント・モデルのある1日

番組撮影のため、テレビ局へ。到着後、メイクアップアーティスト(P10)にメイクをしてもらう。

まちがえないように赤ペンで囲んでおこう

本番間際まで台本を確認。とくに直前に変更されたトーク内容は、何度も練習する。

8:00 AM　　　　9:00 AM

Q この仕事をはじめたきっかけは何ですか？

小さいころからかわいいい洋服やモデルさんが大好きで、雑誌の世界にあこがれを抱いていました。そのため、ファッション誌をよく読んでいたのですが、小学5年生のとき、誌面に「モデル募集」の告知を見つけました。「チャレンジしたい！」と思い、両親の許可をもらって応募したら、なんと合格！　晴れてモデルデビューを果たしました。

しばらくは雑誌のモデルとして活動していましたが、7年ほど前にバラエティ番組にはじめて出演。その後、すばらしい先輩やスタッフの方々との出会いがあり、バラエティ番組に出演する機会が少しずつ増えていきました。両親や友人がとても喜んでくれることが、励みになっています。

Q この仕事の魅力を教えてください。

雑誌もテレビ番組も、大勢のスタッフのみなさんが協力し合うことによって作られています。みなさんの笑顔が見たい、喜んでもらいたいと思うあまり、緊張してしまうこともありますが、いつもサポートしていただき、ありがたく思っています。すてきなスタッフのみなさんに囲まれて、雑誌やテレビ番組作りにたずさわることができ、とても幸せに思います。また、私を応援してくれる方々も、大切な存在です。

収録中もメモを取ることが多いため、赤ペンとシャープペンシルは必需品。

番組がスタート。この日は、情報バラエティ番組『王様のブランチ』（TBSテレビ）に出演。

『王様のブランチ』の台本。出演者用とスタッフ用があり、内容も少しちがう。

9:30 AM　　2:30 PM

「お疲れさまです！」
番組が終了。スタッフとあいさつをかわしたあと、楽屋へもどる。

タレント・モデルの こだわり！

1
バラエティ番組は、共演者の方やスタッフなどみんなで作っていることを忘れず、自分のことよりも、チーム全体のためにどうするべきかを考える。

2
先輩たちの立ち居振舞いを、収録中はもちろん、放送でも見て勉強し、次の収録で実践できるようにする。

3
モデルとして、洋服を美しく着こなせるよう、食べたあとはしっかり運動する。

タレント・モデルになるには？

中学・高校
↓
大学、専門学校など
↓
タレント養成所
↓
芸能事務所に所属

学歴は関係なく、芸能事務所が主催するオーディションに合格したり、スカウトを受けたりして、芸能事務所に所属する。競争率はとても高いが、人よりすぐれた才能などがあれば、多方面で活躍できるチャンスがある。

この本を読んでいるみなさんへ

周囲の人たちに感謝する心と、チャレンジする心を持ってほしいですね。そうした心は、すてきな仲間に出会ったり、夢がかなったりするきっかけになると思います。

テレビプロデューサー

**千葉テレビ放送株式会社
報道情報局 地域情報部
担当部長
小倉　奈保美さん**

入社24年目。制作部、報道部、営業部などを経て、地域情報部のプロデューサーに。

テレビプロデューサーってどんな仕事？

テレビプロデューサーは、テレビ番組の制作における最高責任者です。放送される番組の内容のチェックや、番組制作のスケジュール管理、予算のやりくりなど、いろいろな業務にたずさわります。状況によっては、原稿作成などの制作業務にあたることもあります。

テレビプロデューサーのある1日

「このメール、企画の参考になりそう」

出社。番組の制作スケジュールや視聴者からのメールのチェックなどをする。

4:00 AM

テロップ（画面に表示される文字）をチェック。道路で事故や渋滞が起きていたら、すぐに原稿を作る。

6:00 AM

Q この仕事をはじめたきっかけは何ですか？

小学生のころ、放送委員として校内放送を担当していました。ある日のお昼の放送で、物語を朗読することになり、図書室に行っておもしろそうな本を借りてきました。その本の内容は、ちょっとマヌケでひょうきんものの「おばけ」の話。人間にとりついたものの、とりついた人間にふり回されて困ってしまう、というお話でした。マイクに向かって読みはじめたところ、学校中の生徒が大爆笑。放送室にも大きな笑い声がひびいてきました。予想外の反応におどろきましたが、とてもうれしかったことを覚えています。

これが、人に何かを伝えることのおもしろさを知り、この仕事を目指すきっかけになった出来事です。

Q この仕事の魅力を教えてください。

放送した番組の内容に関して、視聴者のみなさんからメールやファックスで感想をもらうことがあります。「今日の放送内容、とても楽しかった」といった好意的な感想が書かれていると、とてもうれしいですし、はげみになりますね。

スタッフの人数と番組制作にかけられる時間は限られているため、さまざまな工夫をすることが求められますが、「よりよい番組を視聴者に届けよう」とがんばっています。

放送がスタート。放送内容にまちがいがないか、また、道路などの交通に乱れがないか確認する。小倉さんは、朝の情報番組『シャキット！』を担当。生放送番組なので、放送中は気を抜くことができない。

番組が終了。今後のスケジュール確認など、デスクでの作業を終わらせる。退社するのはお昼すぎ。

6:45 AM　　　7:30 AM　　　1:00 PM

「今日は事故などなかったわ」

現場を指揮するフロアディレクターに、道路情報の原稿を渡す。

◀番組の放送スケジュールが書きこまれたシート。

テレビプロデューサーの こだわり！

▶ 1 ◀
テレビプロデューサーは、番組スタッフのリーダーでもある。みんなが気分よく働けるよう、心づかいを忘れない。

▶ 2 ◀
よりよい番組を作るため、視聴者の意見を積極的に取り入れる。

▶ 3 ◀
幅広い視野を持ち、柔軟な思考を心がける。

テレビプロデューサーになるには？

中学
↓
高校
↓
大学　／　放送系専門学校
↓
テレビ局、制作プロダクションに就職

テレビプロデューサーになるには、テレビ局に就職し、制作部門に配属されるのが一般的。また、テレビ番組の制作を専門に行う制作プロダクションに入社する方法もある。まわりの人の能力を生かせるような、リーダーシップが求められる。

この本を読んでいるみなさんへ

「苦手だな」と感じることでも、やってみるとうまくいくことがよくありますし、それが自信へとつながります。「チャレンジする心」を持つようにしてほしいです。

ほかにも、こんな職業の人がかかわっているよ！

マネージャー

POINT
- 俳優やタレントなどのスケジュール管理や育成がおもな仕事。
- 芸能事務所などへの入社が、マネージャーへの近道。

俳優やタレント、歌手など、いわゆる芸能人のスケジュール管理や送りむかえ、育成などを担当します。

担当する芸能人の活躍の場をさらに増やすため、テレビ局や雑誌社などを訪問し、彼らの魅力をアピールすることも大切な仕事です。

マネージャーになるためには、芸能事務所やマネジメント会社に就職する必要があります。人気のある職業のため、競争率がとても高いといわれています。また、採用試験では、学歴よりも人柄や体力、行動力などが重視されることが多いようです。

メイクアップアーティスト

POINT
- 化粧やヘアセットをして、その人の魅力を引き出す。
- 専門的な技術や知識を身につけ、美容室などに就職する。

メイクアップアーティストは、テレビや映画、雑誌などに出る俳優やタレント、モデルの顔に化粧をしたり、髪型をセットしたりする仕事です。担当する人の魅力を引き出すには、その人に合う化粧やヘアセットをほどこすことが大切で、工夫や技術が求められる仕事です。

メイクアップアーティストを目指す人の多くは、専門学校で知識や技術を身につけ、メイクアップ専門のプロダクションや美容室などに就職します。経験を積んだあと、フリーランス*のメイクアップアーティストとして活躍する人も多くいます。

*会社などに所属せず、個人で活動する人。

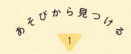

放送作家

テレビやラジオのバラエティや情報番組などは、番組の流れやせりふの書かれた台本があり、出演者は台本に沿って番組を進行します。放送作家は、番組の流れを考えたり、台本を書いたりするのが仕事です。スタッフと打ち合わせを重ねながら、番組内容を紙に書き起こしていきます。

放送作家になるために必要な資格などはありませんが、ベテランの放送作家に弟子入りしたり、養成講座を受けたりして基本的な技術を身につける人が多いです。また、たくさんの人に愛される番組を作るためには、ユニークな発想力や表現力が必要です。

POINT
- テレビやラジオ番組の企画や内容を考え、台本を書き起こす。
- 豊かな表現力や発想力のある人が向いている。

放送技術者

テレビやラジオなどの番組制作の現場では、さまざまな技術者が働いています。撮影や照明などを担当する制作技術者、番組を決められた時間に電波に乗せる送出技術者、新しい技術や機器の研究などを行う研究・開発技術者などがあげられますが、その人たちはみな、放送技術者と呼ばれています。

放送技術者として仕事をするためには、放送技術にかかわる知識を身につけていることが求められます。そのため、大学の放送関連学科や専門学校などで、通信工学や電気工学、撮影技術などについて学び、放送局や制作会社などに就職するのが一般的です。

POINT
- 番組制作の現場で、撮影や照明などさまざまな業務を行う。
- 放送技術にかかわる知識を専門的に学ぶことが大切。

好きなモノから見つけるお仕事

サッカー

サッカーを支える ▶P18

スポンサー・自治体
チームの拠点となる地域にある地元企業や自治体が、クラブ運営や選手育成などに対して、金銭や土地・施設面で支援する。

スポーツメーカー
ボールやスパイクなどの用具の製造と販売を行う。クラブチームの公式グッズを作ることもある。

クラブスタッフ
試合のチケット販売やファンクラブの運営、マスコミ対応など、さまざまな業務を行う。

グリーンキーパー
スタジアムの芝生を管理する。試合しやすい状態にするために、雑草や害虫の駆除、水やりなどを行う。

サッカーを行う

\もっと/ くわしく
サッカーのコーチ
東京ヴェルディ
藤吉信次さん
▶P16-17

監督・コーチ
選手を指導・育成する。所属選手の特徴を把握するだけでなく、対戦相手のプレーも研究し、試合ではそれをもとに戦術の指示を出す。

\もっと/ くわしく
東京ヴェルディ
井林章さん
▶P14-15

サッカー選手
試合に出場して、チームが勝利するために戦う。体力づくりやトレーニングは、日常的に欠かさず行う。

「サッカーにかかわる職業」といえば、はじめに思いつくのは「プロのサッカー選手」という人が多いかもしれません。しかし、サッカー選手が活躍するサッカーの試合は、たくさんの人たちの力によって成り立っているのです。

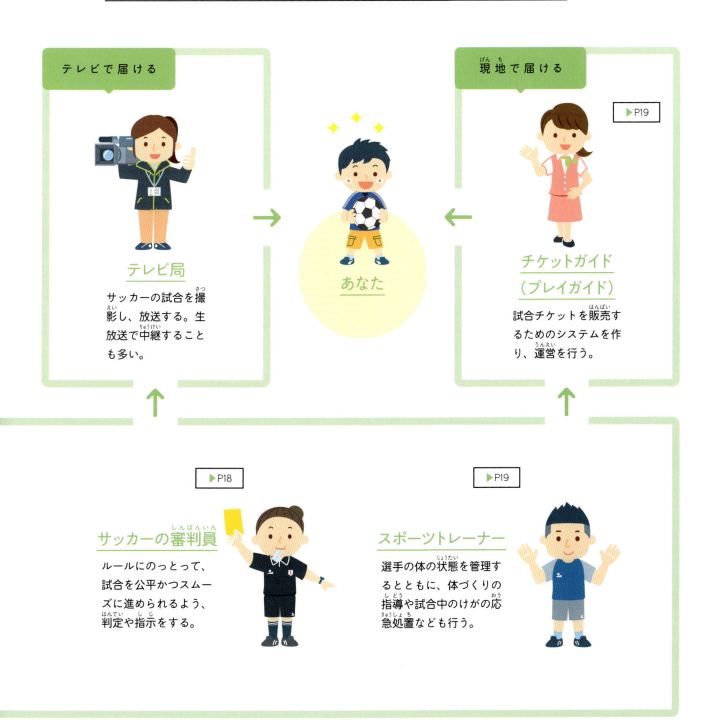

テレビで届ける

テレビ局
サッカーの試合を撮影し、放送する。生放送で中継することも多い。

現地で届ける ▶P19

チケットガイド（プレイガイド）
試合チケットを販売するためのシステムを作り、運営を行う。

▶P18

サッカーの審判員
ルールにのっとって、試合を公平かつスムーズに進められるよう、判定や指示をする。

▶P19

スポーツトレーナー
選手の体の状態を管理するとともに、体づくりの指導や試合中のけがの応急処置なども行う。

サッカー選手

東京ヴェルディ
キャプテン・ディフェンダー
井林 章さん

プロサッカーチーム「東京ヴェルディ」に加入して4年。現在はキャプテンを務める。

サッカー選手ってどんな仕事？

試合に出場してプレーをし、所属チームが勝てるように力になることが仕事です。はなやかなように見えますが、試合で勝つためには、体力や技術、チームワークなどが求められます。ですので、日常的に体調を管理し、地道な練習やトレーニングを続けています。

サッカー選手のある1週間
※試合後から次の試合まで

試合で体力を消耗しているため、なるべく早く食事をとり、エネルギーを補給する。

クラブハウス内のジムへ。試合でハードに使い、かたくなった筋肉をゆるめるトレーニングを行う。

試合終了後　　　　　　　　　　　**試合の翌日**

Q この仕事をはじめたきっかけは何ですか？

小さなころから活発で、体を動かすことが大好きでした。特にボール遊びが好きで、よく親と一緒にボールをけって遊んでいましたね。小学校に入り、親のすすめで地域のサッカーチームに入団してからは、サッカー漬けの日々がはじまりました。サッカーが楽しくて、時間を見つけてはプレーしていたのを覚えています。そのころから「将来はプロのサッカー選手になりたい」と思うようになりました。

大学に入学してからもサッカーを続けていたところ、東京ヴェルディの「特別指定選手」として、特別なトレーニングを受けられるようになりました。そして、大学卒業と同時に、正式に加入しました。

Q この仕事の魅力と、難しいところを教えてください。

もちろん、大好きなサッカーができることが大きな魅力です。また、チーム全員で力を合わせ、試合に勝てたときは本当にうれしいですね。ふだんから応援してくれるサポーターが喜んでいるのを見ると、うれしさも倍増します。反対に、なかなか勝てない日が続くと、「なぜ勝てないんだろう？」と落ちこんでしまうことがあります。そんなときも、僕はキャプテンなので、いつもどおりに振舞うことを心がけています。

チームメイトとともに練習。次の試合に向けて、ベストなコンディションに持っていく。

試合では、これまでの練習の成果が問われる。このあと見事にゴールを決めて勝利！
©TOKYO VERDY

©TOKYO VERDY
「応援ありがとう」
会場にかけつけたサポーターと、勝利の喜びを分かち合う。

2日目〜6日目 ─── **試合当日** ─── **試合**

「今日も勝ちます。送信！」
クラブハウスを出発する前は、大切な人とメッセージのやり取りをするなどし、気持ちを高める。

◀愛用しているスパイク。こまめにみがくなど、大切に使っている。

サッカー選手の こだわり！

▶1◀
チーム全体の雰囲気をよくするため、コミュニケーションを大切にする。

▶2◀
信念と情熱を持たない人には、誰もついてこないので、ぶれない態度で、自分の信じる道を進む。

▶3◀
試合に勝つために必要な「強い心」を持つようにする。

サッカー選手になるには？

中学
↓
高校
↓   ↓
大学   スポーツ系の専門学校
↓   ↓
プロサッカークラブに入団

プロサッカークラブに加入するためには、全国大会で活躍してスカウトされたり、クラブの加入テストに合格したり、クラブのユースに入って昇格したりする必要がある。

この本を読んでいるみなさんへ

何かに打ちこんで努力していると、ときにはくじけそうになることもありますが、めげずにがんばってください。くじけない強い気持ちは、大きな目標を達成するための力になります。

サッカーコーチ

東京ヴェルディ
コーチ
藤吉　信次さん

サッカー選手、コーチ、ユースチームの監督などを経て、現在のクラブでコーチを務める。

サッカーコーチってどんな仕事？

チームが試合で勝つことを目標に、監督と二人三脚でサッカー選手を指導します。トレーニング内容について、選手にアドバイスをするのはもちろんのこと、ライバルチームのプレーを研究したり、戦術を練ったりすることも大切な仕事です。

サッカーコーチのある1日

その日の練習の準備。グラウンドに人型のマーカーやコーンを置くなどする。

8:00 AM

Q この仕事をはじめたきっかけは何ですか？

昔からサッカーが大好きで、30年ほど前にプロサッカークラブに入団し、サッカー選手になりました。それから20年近く選手として活動したのち、現役を引退しました。ちょうどそのころ、さそいを受けてプロサッカークラブのコーチに就任しました。

現役時代から「将来はコーチとして、サッカーの仕事を続けていきたい」と思っていたので、あらかじめ「日本サッカー協会公認S級コーチライセンス」という、コーチになるうえで役立つ資格を取っていました。

今も練習や試合には必ず同行していますし、ときにはチームの選手とプレーすることもあります。選手のころとほとんど変わらずサッカーの仕事ができて、とても幸せです。

Q この仕事の魅力と、難しいところを教えてください。

チームが勝ったときの喜びは、言葉では言い表せないほど大きいものです。応援のためスタジアムにかけつけてくれたサポーターや選手と、肩をだき合って喜び合います。また、ふだんの練習中に、選手のプレーが上達しているのを感じると、うれしく思いますね。

チームの勝利や選手のプレー上達のためには、戦術や練習方法の研究を積み重ねることが大切です。いつも学ぶ姿勢を忘れないようにしています。

練習開始。練習の内容は、前日に監督やヘッドコーチと打ち合わせて決める。

▲愛用のストップウォッチとホイッスル。先輩や仲間にプレゼントされた、大切なもの。

よし、あともう1本いこう！

選手たちとプレーすることも。コミュニケーションをとる貴重な時間でもある。

9:00 AM 12:00 PM 1:00 PM 3:00 PM

この日の練習が終了。使った練習道具を片づけたあと、昼食をとる。

サイドの攻防がカギですね

監督らとライバルチームの試合の動画を見ながら、戦術を練る。

サッカーコーチのこだわり！

▶ 1 ◀
サッカーはチームワークが命！選手や監督とのコミュニケーションを大切にする。

▶ 2 ◀
選手と一緒に練習するなどして、体力と技術をキープする努力をおこたらない。

▶ 3 ◀
1％でも勝率を上げることが、コーチの使命。いつでもチームや選手のことを最優先に考えて行動する。

サッカーコーチになるには？

中学
↓
高校
↓
大学 / スポーツ系の専門学校
↓
サッカー選手として活躍 / サッカースクールや教育機関の教員
↓
プロサッカークラブにコーチとして入団

体力や知力、コミュニケーション能力などが求められる。「日本サッカー協会」が認定する「指導者ライセンス」を取得すると有利。

この本を読んでいるみなさんへ

授業中に積極的に発言することを心がけてください。大勢の前で話すことに慣れると同時に、リーダーシップがとれるようにもなりますよ。

ほかにも、こんな職業の人がかかわっているよ！

グリーンキーパー

グリーンキーパーは、試合が開催されるスタジアムや練習場のピッチに植えられている芝生を管理するのが仕事です。芝生の長さや成長状態が変わると、ボールのバウンドの仕方なども変わり、ときには試合結果に影響を与えることもあります。公正な試合を行うためには、芝生を一定の状態に管理しておくことが大切なのです。

芝生は生き物なので、状態が日々変化します。グリーンキーパーには、芝生のちょっとした変化も見逃さない観察眼が必要とされます。また、愛情を持って芝生を育てられる人が向いています。

POINT
- スタジアムや練習場のピッチに植えられている芝生を管理する。
- 芝生に愛情を持って接することができる人が向いている。

サッカーの審判員

審判員の仕事は、サッカーの試合を公正かつスムーズに進めることができるよう、ルールにのっとった判定を下し、指示を出すことです。試合の進行を見守り、ルール違反をした選手に警告したり、退場を命じたりします。

プロの審判員になるためには、日本サッカー協会が認める「サッカー審判員」という資格を取得する必要があります。「1級審判員」の資格を取れば、Jリーグで主審を務めるチャンスが生まれます。さらに、「国際審判員」や「プロフェッショナルレフェリー」になると、国際大会で活躍することもできます。

POINT
- サッカーの試合を公正に行うべく、ルールにしたがって判定を下す。
- 日本サッカー協会が認める「サッカー審判員」の資格が必須。

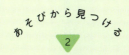

スポーツトレーナー

サッカーをはじめ、スポーツ選手のプレー技術を高めることを目標に、選手をサポートすることが、スポーツトレーナーの仕事です。トレーニング内容について、指示やアドバイスをするのはもちろん、試合や練習中に選手がけがをしたときは、応急処置をほどこします。そのため、トレーニングに関する知識だけではなく、医療に関する知識も身につける必要があります。

資格は必須ではありませんが、「公益財団法人日本体育協会」が認定する資格「スポーツ指導者」を持っていると、スポーツトレーナーとしての信頼感が増します。

POINT
- 選手たちに、技術的な指導やけがの応急処置などを行う。
- 資格は必須ではないが、専門的な知識の習得は必要。

チケットガイド（プレイガイド）

スポーツの試合や映画、演劇といったイベントのチケットをインターネット上や店舗で販売することが、おもな仕事です。また、観戦を希望する人にイベントが行われる日程を案内したり、チケットをより多くの人に買ってもらうため、テレビやインターネットなどで宣伝したりすることもあります。

チケット販売を行う企業で働くのが一般的です。入社後にどこへ配属されるかによりますが、業務は多岐にわたり、チケット購入者やイベントの主催者をはじめとする多くの人とやり取りをするため、管理能力やコミュニケーション能力が求められます。

POINT
- 試合のチケットの販売や試合開催日の案内などをする。
- 幅広い業務をこなすため、管理能力が求められる。

> コラム
>
> # ものを作るお金はどこから来るの？
> ## ～会社と銀行・株式（かぶしき）～

材料費、働く従業員（じゅうぎょういん）の給料、生産用の機械、包装（ほうそう）や梱包（こんぽう）、流通……。ものを作るには、たくさんのお金がかかります。しかし、会社やお店が最初から十分なお金を持っているわけではありません。では、お金をどこから集めてくるのでしょうか。その中には、もともと私（わたし）たちのおさいふに入っていたお金もふくまれています。さらに、銀行や信用金庫などの金融（きんゆう）機関、株（かぶ）の取引をする証券（しょうけん）会社などが、会社のお金を集める大きな役割（やくわり）をになっています。

会社と銀行

基本的（きほんてき）に、会社は売上金から材料費や人件費（じんけんひ）など必要な経費（けいひ）を作ります。しかし、事業拡大（かくだい）などで大金が必要な場合、売上金だけでは足りません。そこで、銀行からお金を貸（か）してもらい（融資（ゆうし））、そのお金で土地や建物、機械などをそろえます。これをくり返すことにより、工場やお店、支社（ししゃ）を増（ふ）やし、会社は大きくなっていくのです。

会社が大きくなる仕組み

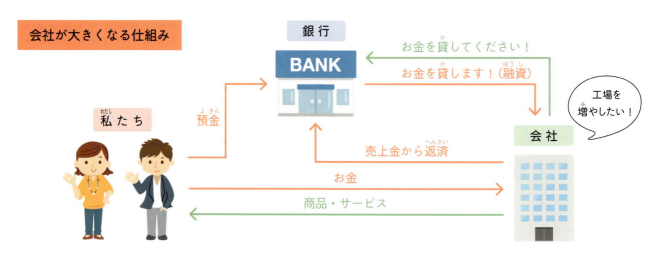

会社
大きなお金が必要になったときは、銀行へ融資（ゆうし）をお願いします。融資されたお金は、売上金から少しずつ返済（へんさい）します。

銀行
会社から融資（ゆうし）の申し出があったら、その会社がお金をきちんと返せるのかを審査（しんさ）したうえで、お金を貸します。貸すお金は、ほかのお客さまから預（あず）かっているお金（預金（よきん））などをあてます。

私（わたし）たち
会社が作った商品を買うと、その代金が売上金となり、会社の収入（しゅうにゅう）になります。また、お金を銀行に預（あず）けると、そのお金が会社への融資（ゆうし）の資金（しきん）となります。

会社と株式

「株式」を発行してたくさんの人に買ってもらい、運営資金を集める形をとる企業を株式会社といいます。株式を買った人は株主と呼ばれ、その会社に対するさまざまな権利を持ちます。株式は、証券会社を通して売買することができます。株式の値段(株価)は、その会社の業績や経済全体の動きなどによって変化します。

株の仕組み

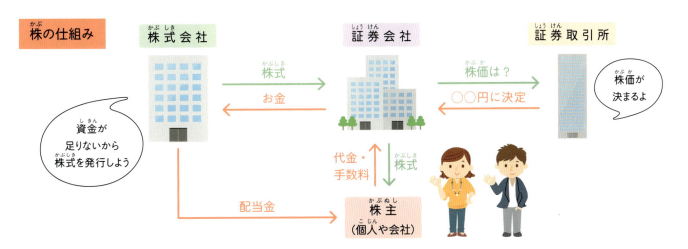

株式会社
株式会社は、会社の運営や事業の拡大などに使うお金を集めるために、株式を発行します。株主には、会社の商品やサービスを提供します(株主優待)。また、もうかったときには、そのお金の一部を株主に配当金としてわたします。

証券会社
株式を売り買いする窓口。株式の売買を証券取引所に取り次ぎ、その手数料を受け取ります。

証券取引所
世界中の株取引の情報が集まる場所。株式の売買を通じて、人々が買いたい株の数と売りたい株の数がつり合うように、株価が決定されます。

株主
株式を買った人。株式を発行した会社から株主優待や配当金を受け取ることができます。買った株式をずっと持っている人もいれば、株価が変動することを利用してひんぱんに売買し、お金をもうける人(投資家)もいます。

会社が資金を集めるそのほかの方法

- **社債**：株式とは別に、資金調達のために期間限定で発行される証券。投資家が買う。
- **クラウドファンディング**：インターネットで事業や企画を紹介して、広くお金を募ること。個人でもできる。
- **担保融資**：持っている土地や建物を「担保」として融資を受けること。担保は借金の保証なので、返済できない場合は、相手にわたすことになる。
- **資産売却・事業売却**：不要な土地や建物、機械、利益の出ない事業などを売ること。

あそびから見つける ③

好きなモノから見つけるお仕事

絵本

絵本を作る

画材店
絵具や筆、カラーペンなど、絵を描くために必要な画材や道具を販売する。

絵本作家
テーマに沿って物語を作り、絵やイラストを描く。

\もっと/
くわしく
宮西達也さん
▶P24-25

出版社
絵本の企画から販売までを担当し、全工程のスケジュール管理をしながら作家や印刷会社などと調整をする。

▶P28

画廊経営者
絵やイラストを中心に、作家の作品を画廊に展示して販売する。

▶P28

ブックデザイナー
絵本の表紙やカバーなどの装丁を作る。紙面のデザインを手がけることもある。

\もっと/
くわしく
絵本の編集者
株式会社学研プラス
木村真さん
▶P26-27

22

小さいころ、おうちの人に読み聞かせしてもらっていた絵本。しかけ絵本や図鑑のような絵本など、その種類もさまざまです。子どもたちに楽しい絵本を届けるために、どんな人たちが働いているのか紹介しましょう。

絵本を支える

▶P29　▶P29

→ **印刷会社**
絵本の原稿や原画などをデータ化して印刷する。

→ **出版取次会社**
絵本を全国の書店などに卸す。

→ **書店**
出版取次会社から送られてきた絵本を、店頭にならべて販売する。

→ **あなた**

絵本作家

絵本作家
宮西 達也さん

大学で美術を学ぶ。数年間勤めた広告会社を退職して、出版社に作品を持ちこみ、27歳で絵本作家デビュー。

絵本作家ってどんな仕事？

絵本のストーリーを考え、絵を描く仕事です。絵とストーリーをそれぞれ別の作家が受け持つ場合もあります。最近は子ども向けだけでなく、大人向けの絵本も数多く出版されています。人気作家になると、サイン会や講演会など、絵本制作以外の仕事も増えてきます。

絵本作家のある1日

朝起きてすぐにアトリエで仕事を開始する。

仕事の合間に、朝と昼をかねた食事をとる。

パソコンで下絵に色をぬる。

7:00 AM　　　10:00 AM　　　10:30 AM

Q 絵本のテーマやストーリーはどうやって作るのですか？

絵本でいちばん大切なのはテーマです。テーマを決め、そこに合うキャラクターを選べば、ストーリーは自然にできます。テーマとは、簡単にいえば日ごろ自分が思っていることや、これまで経験したこと、そのとき感じたこと、興味があることなどです。僕の絵本でいうと……仕事も子育ても一生懸命なウルトラマンを描いた「おとうさんはウルトラマン」シリーズは、どんなお父さんだって子どもたちにとってはヒーローなんだ、という思いがテーマとなっています。

また、乱暴な肉食恐竜と無邪気な草食恐竜の赤ちゃんが出会う『おまえうまそうだな』などの「ティラノサウルス」シリーズは、誰の心にもあるやさしさや思いやりがテーマです。

Q 絵が上手じゃないと絵本作家にはなれませんか？

絵の上手、下手はまったく関係ないと思います。大切なのは、その人が持っている感性や心。それは、どんな生き方をしてきたか、ということとも結びついています。たとえば、子どものころ、友だちと思いきりあそんだとか、きれいなものを見て感動したことなどです。また、どれだけ絵を好きになれるかも重要です。僕は絵が大好き！　僕より絵が上手な人はいっぱいいるけど、僕は僕にしか描けない作品を描いています。

近所にある自身のギャラリー「TATSU'S GALLERY」を訪れたファンと交流。接客の合間に絵本の制作。

▲絵本にサインをする様子。

＊：校正（印刷物などの内容やデザインのチェック）を行うために印刷した紙。

ギャラリーの閉館作業を終えて帰宅。別の出版社から届いた絵本の校正刷り＊をチェックする。

就寝。しめ切りが近いときは仕事を続け、数時間だけ仮眠をとる日もある。

12:00 PM ── **1:00 PM** ── **2:00 PM** ── **4:00 PM** ── **6:00 PM** ── **12:00 AM**

気分転換と運動をかねて、近所の神社を散歩。

ギャラリーで、出版社の編集者と新作についての打ち合わせ。

仕事のきりがよいところで夕食。その後、アトリエで仕事。

絵本作家の  こだわり！

▶ **1** ◀
テーマのない絵本は絶対に描かない。読んだあとに心がぽっとあたたかくなるような作品を作る。

▶ **2** ◀
売れるために流行を追ったり、うけをねらったりせず、自分にしか表現できない世界を追求する。

▶ **3** ◀
仕事関係の人、友だち、家族、通りすがりの人……すべての人にやさしさと思いやりを忘れない。

絵本作家になるには？

```
   中学
    ↓
   高校
    ↓
  ┌──┴──┐
 大学  美術系の専門学校
  ↓       ↓
  └──┬──┘
   絵本作家
```

美術系の学校で絵の基礎を学んだ人や、絵本作りの講座を受けた人が多いが、独学の人もいる。出版社への持ちこみや公募展、絵本コンクールでのデビューが一般的。多くの人はイラストレーターなどの仕事もかねる。

「この本を読んでいるみなさんへ」

夢は誰かから与えられるものではありません。自分から求めるものです。「これがやりたい！」という情熱があれば、どんな困難も乗りこえられる。本気で願えば、夢は必ずかないます。

絵本の編集者

株式会社　学研プラス
幼児・児童事業部
絵本・読み物編集室
編集長
木村　真さん

大学卒業後に入社して25年間、絵本の編集にたずさわっている。

絵本の編集者ってどんな仕事？

企画から完成まで、絵本作りの全工程を取り仕切る「絵本のプロデューサー」です。絵本作家をはじめ、装丁家、印刷や製本の担当者など、さまざまな職業の人たちに指示をあたえ、制作スケジュールを管理し、各工程の準備やチェックなども行います。

絵本ができるまで

絵本作家の予定を調べたうえで企画書を書く。会議で企画が通れば、絵本作家にダミー本*1の制作を依頼する。

① 企画を立てる

編集部内でダミー本を検討する。修正をくり返したあと、あらためて絵本作家に原画の制作を依頼する。

② 内容の検討

Q 絵本の「企画」って何をするのですか？

何をテーマにして、絵本作家を誰にするかが、絵本の企画における2本の大きな柱です。テーマを決めたあとで、そのテーマにぴったりの絵本作家に仕事を依頼することもあれば、付き合いのある絵本作家と話をするなかで新作のテーマが決まることもあります。絵本の企画は、種をまいてから花が咲くまで時間がかかります。発刊までは2、3年くらい。超人気作家の場合は、順番待ちだけで5年かかることもめずらしくないんですよ。

Q 絵本の編集者として目指していることは？

時代をこえて読みつがれるロングセラーを作ることが、僕の夢です。絵本の世界では、僕が子どものころに読んだ作品が、何十年たった今でも子どもたちに読まれています。時代や流行が変わっても、子どもが「おもしろい」と感じることは変わらないんだと思います。

ただ、絵本が時代をこえて残るためには、まず売れなくてはならないのも事実。どんなにすばらしい絵本ができても、読者の目にほとんどふれることなく売り場から消えたら、それでおしまいです。絵本が売れるにはどうすればいいかを考えることも、僕らの仕事。限られたスケジュールのなかで、最高のものづくりを目指す姿勢も大切です。

字のまちがいはないかな

原画などのデータを印刷所に送り、校正刷り*2の制作を依頼する。印刷所から届いた校正刷りをチェックし、赤ペンなどで修正指示を書きこむ。

校正用のルーペで校正刷りの絵をチェックし、色彩や濃淡の修正を指示する。

どちらの色にしよう

ブックデザイナー（P28）がデザインした表紙などを検討する。読者の目線で見ることが大事。

③本の体裁を検討

④校正・デザインチェック

⑤印刷・製本

本の形や紙の種類について、印刷や製本の担当者と打ち合わせ。子どもが読む本なので、持ちやすさや重さもチェック。

印刷所の試し刷りで色などをチェックしたあと、印刷・製本を経て本が完成。
◀木村さんが今まで手がけた本の一部。

*1：実際の絵本と同じ大きさや形の冊子に下書きを描いたもの。
*2：校正（印刷物などの内容やデザインのチェック）を行うために印刷した紙。

絵本の編集者のこだわり！

▶ 1 ◀
読者が子どもだからと手抜きは厳禁。一流のスタッフで、つねに最高の仕事を心がけている。

▶ 2 ◀
シンプルで美しい絵本が理想。内容はもちろんのこと、デザインや文字の配置にも細かく気を配る。

▶ 3 ◀
ふだんから子どもたちとふれ合い、観察して、自分が子どもだったころの気持ちを呼び起こす。

絵本の編集者になるには？

中学
↓
高校
↓
大学
↓
出版社に就職

大学卒業後、児童書専門の出版社、または総合出版社に編集者として入社する。編集者としての経験を積んだあと、独立して、絵本をあつかう編集専門の会社を立ち上げる人もいる。

「この本を読んでいるみなさんへ」

自然科学から、お笑い、日ごろ感じていることまで、身のまわりのあらゆることが絵本の題材になります。何にでも好奇心を持ちましょう。本もジャンルを問わずいっぱい読んでください。

ほかにも、こんな職業の人がかかわっているよ！

画廊経営者

画廊を経営し、美術作品などの販売や展示を行います。「ギャラリスト」ともいいますが、販売を中心に行う場合は、「美術商」や「アートディーラー」と呼ばれることもあります。展示スペースを美術作家などに貸し出して展覧会を開いたり、才能ある新人の美術作家を見つけて育成したりするのも仕事です。

資格は必要ありませんが、美術系の学校で美術の基礎を学んだあと、画廊に就職して経験を積むと有利です。美術作品を見る目はもちろん、営業や経営などのセンスも必要です。

POINT
- 画廊を経営し、美術作品などの展示や販売を行う。
- 美術作品を見る目や知識はもちろん、ビジネスのセンスも必要。

ブックデザイナー

表紙をはじめとする本のデザインは、本の売り上げにも影響します。ブックデザイナーは、カバーや表紙などの装丁（外観のデザイン）から、本文の文字の大きさや配置、使う紙の種類まで、本全体をデザインする仕事です。とくに装丁を専門とする人は「装丁家」と呼ばれます。編集者や著者から要望を聞き、本の内容を理解したうえでデザインを考えます。

美術系の学校でエディトリアルデザイン（出版物のデザイン）や印刷の基礎を学び、出版社のデザイン部門や出版系のデザイン事務所などに就職して経験を積むのが一般的です。

POINT
- 本の表紙やカバーから中身まで、本全体をデザインする。
- 本のデザインや印刷に関する基礎知識があると有利。

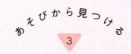

出版取次会社

おもに、全国にある書店と出版社の間に入り、商品の流通や代金のやり取りなどを代わりに行う「本の卸」です。全国の出版社から仕入れた本を書店に販売し、書店から返品された本を出版社にもどします。また、書店から本の代金を回収したり、書店から本の注文を受けたり、出版社の新刊情報などを書店に届けたりするのも仕事です。さらに、書店の売り上げ向上のために、売り場づくりの提案やシステムの提供なども行っています。

本が流通する仕組みは独特です。さまざまな機能を持つ出版取次会社は、出版業界になくてはならない存在です。

POINT
- 全国の書店と出版社をつなぐ「本の卸」。
- 出版物の流通や代金のやり取りなどを代行する。

書店員

書店で本を販売する仕事です。レジ作業や接客だけでなく、客層を考えて売れそうな本を発注したり、売れ残った本を取次会社に返品したりします。話題の本を目立つ場所に置いたり、「ポップ」という本の紹介を書いたカードをかざったりして、本を売るための工夫もします。

ネット書店などの影響で、書店を取りまく状況はきびしくなっています。そこで、他店にはない品ぞろえで特長を出したり、テーマを決めてイベントを開催したり、カフェを併設したりするなど、ユニークなスタイルを取り入れた書店作りも、書店員の大切な仕事です。

POINT
- 書店に勤務し、レジ作業や接客、本の仕入れなどを行う。
- 新しいスタイルを取り入れた書店作りが求められる。

あそびから見つける 4

好きなモノから見つけるお仕事

音楽

音楽を支える

楽器販売会社
楽器メーカーから楽器を仕入れて販売したり、修理の受付を行ったりする。

ボイストレーナー
▶P36
歌手や声優など、声を使う職業の人に、歌い方や声の出し方を教える。

レコード会社
▶P36
所属ミュージシャンのスケジュール管理やCDなどの音源の制作、完成した音楽の宣伝などを行う。

↓↑

音楽を作る

\ もっと /
くわしく
sumika
片岡健太さん
▶P32-33

ミュージシャン
曲の演奏をしたり、歌ったりする。自分で歌詞や曲を作る人もいる。

音楽ディレクター
▶P37
音楽制作の責任者として、曲作りにおけるすべてを管理する。

CM（コマーシャル）やドラマ、映画はもちろん、お店のBGMや車のラジオまで、さまざまなところで音楽は流れています。音楽が形となり私たちの耳に届くまでには、いろいろな人たちがかかわっています。

音楽を届ける

製造・流通
CDなどを作って、全国の販売店に届ける。

小売店・販売店
仕入れたCDなどを販売する。

音楽配信サービス
インターネットで曲のデータを配信・販売する。

ミュージシャンを支える

レコーディングエンジニア
音楽を録音する際に、楽器や声の配分など、音の調整をする。

\ もっと /
くわしく
株式会社
サウンドイン
スタジオ
執行航さん
▶P34-35

▶P37

スタジオミュージシャン
演奏を専門に行い、レコーディングスタジオでの収録に参加する。

あなた

ミュージシャン

ミュージシャン
片岡 健太さん(sumika)

バンド結成時より、ボーカルとギターを担当する。ラジオでの司会や雑誌での執筆活動も行っている。

ミュージシャンってどんな仕事?

ライブハウスやホールで歌ったり、楽器を演奏したりすることが仕事です。楽曲の作詞や作曲を行うこともあります。プロモーション(宣伝)活動も大切な仕事のひとつで、新しい楽曲を発売する前後は、テレビやラジオ番組などに出演し、楽曲の魅力をアピールします。

楽曲ができるまで

「今思いついたフレーズ、曲になるかも」

散歩をしている最中に、メロディーがひらめくことも。すばやくスマートフォンに録音する。

① 楽曲の構想を練る

楽曲のイメージをふくらませたあと、メンバーと話し合いをし、さらにイメージを固める。

② 楽曲のイメージをメンバーと共有する

Q この仕事をはじめたきっかけは何ですか?

小学校4年生のときに父親にすすめられ、ギターをはじめました。練習すればするほどギターの腕が上達し、どんどんのめりこんでいきました。その後、中学に進学し、仲間とバンドを結成しました。演奏を披露する機会をなかなか持てなかったのですが、卒業間近に学校で開かれた「お別れ会」ではじめてみんなの前で演奏を披露したところ、大盛り上がり。人を感動させることの喜びを、はじめて感じました。

高校を卒業して専門学校に進学し、おもに音響技術を学びましたが、やがて「自分がいちばんやりたい仕事はミュージシャンだ」と強く思うようになり、現在のメンバーとバンドを結成しました。

Q この仕事の魅力と、難しいところを教えてください。

ライブハウスなどで楽曲を披露したとき、お客さんの感動が手に取るように伝わってくることがあります。特に、新しい楽曲を発売したあとは、あたたかい言葉が書かれた手紙がたくさん届きます。そんなときに仕事のやりがいを感じますね。ときにはスタッフやファンの方からきびしい意見をいただくこともありますが、それはバンドに対する愛があってのこと。さらにがんばるためのガソリンと思って、ありがたく受け止めています。

楽曲の収録に向けて、リハーサルを重ねる。少しずつ楽曲の完成度を高めていく。

目の前にいる観客を想定して、鏡を見ながら自分たちの演奏がどんなふうに見えているかをチェックしているよ！

CDの発売に合わせてライブが行われることが多い。入念にリハーサルを行う。

（写真撮影：後藤壮太郎）

新曲をはじめとする楽曲を披露。ファンを目の前にして、喜びが爆発！

③リハーサル（プリプロダクション）
④楽曲の収録
⑤CDの完成
⑥ライブリハーサル
⑦ライブ

レコーディングエンジニアをはじめとするスタッフを交えて、楽曲を収録する。収録に3か月ほどかかることも。
そしてついに、CDが完成！

CDを発売する前後に、宣伝活動を行う。雑誌やテレビなどのメディアに出演。

ミュージシャンの こだわり！

▶1◀
"伝えたいメッセージ"を明確にしたうえで、楽曲の制作やライブにのぞむ。

▶2◀
気持ちを整理するために、自分の考えをノートに書く。楽曲のイメージにつながることも。

▶3◀
やりたい仕事ができていることに感謝する。また、努力を努力としてとらえないように意識する。

ミュージシャンになるには？

中学
↓
高校
↓
大学や専門学校など
↓
レコード会社や音楽事務所に所属

レコード会社や音楽事務所への所属がプロへの第一歩であることが多い。演奏技術や歌唱力などをみがきつつ、レコード会社や音楽事務所にデモテープを送ったり、ライブハウスで演奏したりして、チャンスをうかがう。

この本を読んでいるみなさんへ

興味が持てることを見つけたら、ぜひ挑戦してください。また、「自分に合わないな」と感じることは、やめる勇気も持ってほしいですね。いつでも、自分に正直に！

レコーディングエンジニア

**株式会社
サウンドインスタジオ
執行 航さん**

専門学校で音響技術を学んだあと、現在の会社にレコーディングエンジニアとして入社し、現在5年目。

レコーディングエンジニアってどんな仕事？

音楽スタジオでミュージシャンの歌やオーケストラの演奏を録音し、特別な音響機器を使って編集するのが、レコーディングエンジニアの仕事です。フレーズ単位での録り直しや編集作業をくり返し、楽曲の持ち味やアーティストの魅力が最大限に引き出された音楽を作り上げます。

レコーディングエンジニアのある1日

出社。その日の録音のため、機材セッティングなどの準備をする。

3:00 PM

準備が終了。いつでもミュージシャンをむかえられる、万全な状態に。

4:00 PM

Q この仕事をはじめたきっかけは何ですか？

父親が音楽好きで、ギターの音色やジャズのサウンドを耳にしながら育ちました。そのためか、僕も自然と音楽が好きになり、やがて「将来は音楽の仕事がしたい」と思うようになりました。学生時代はバンド活動に取り組み、自分で考えたメロディーをメンバーに聴かせるため、よく自宅でメロディーを再現しては、機械にレコーディングしていました。とても時間がかかる地味な作業でしたが、すごく楽しかったことを覚えています。将来について考えたとき、録音と編集をくり返しながら、イメージ通りの音を作り上げる「レコーディングエンジニア」という仕事があることを知り、迷わず目指すことにしたのです。

Q この仕事の魅力と、大変なところを教えてください。

この仕事をはじめる前は、音楽を聴くたびに「この音はどうやって録音・編集されたんだろう？」と考えていました。この仕事をしていると、さまざまな音響技術にふれることができるため、日々興味とやりがいを持って仕事ができています。多くの人々の努力と労力のもと、音楽は作られていますから、録音された音楽データは何よりも大切です。破損したり、無くしたりすることがないよう、ていねいにあつかっています。

▲この日使用するマイクは、良質な音を生み出す年代もののマイク。

録音作業が山場に入る。同じフレーズを何度も録音し直すこともある。

録音、編集作業が終了。機材やスタジオ内を片づけて、帰宅する。

4:10 PM　　　6:00 PM　　　7:00 PM

録音、編集作業がスタート。関係者とコミュニケーションを取りながら作業を進めていく。

◀ヘッドフォンやボール型のマウスなどは、仕事をするときに欠かせないもの。

レコーディングエンジニアの こだわり！

▶ 1 ◀
ミュージシャンや関係者たちが気分よく仕事できるよう、細やかな気づかいを心がける。

▶ 2 ◀
レコーディングの現場では予想外の出来事が起こることもある。柔軟な思考と行動力で乗りきる。

▶ 3 ◀
よりよい音楽を作るため、ときには遠慮せず、率直な意見を交換する。

レコーディングエンジニアになるには？

中学 → 高校
↓　　　↓
音楽大学　音響技術系の専門学校
↓ ⤫ ↓
音楽録音スタジオなどに就職 → フリーランスとして活動

大学や専門学校で音響技術を学んだあと、音楽録音スタジオや音響技術専門会社に就職し、経験を積む。そのあとで独立し、フリーランスのレコーディングエンジニアとして活動する人が多い。中には学校卒業後、すぐにフリーランスになる人も。

この本を読んでいるみなさんへ

将来、音楽の仕事に就きたいと思っている人は、ジャンルを問わず、たくさんの音楽を聴くようにしましょう。音楽に対する豊かな感性が養われるので、絶対に損はしないはずです。

35

ほかにも、こんな職業の人がかかわっているよ！

ボイストレーナー

歌手や声優、アナウンサーといった、声を使う仕事をしている人や目指している人が、さらにいい声で歌ったり話したりすることができるよう指導するのが、ボイストレーナーの仕事です。レッスンでは、おもに腹式呼吸のやり方や発声法、のどの使い方などを教えます。

ボイストレーナーになるために必要な資格などはありませんが、自身もいい声が出せたり歌がうまかったりする必要があります。講師として活躍する人の多くは、音楽大学や音楽系の専門学校などで、声楽やボイストレーニングを学んでいます。

POINT
・歌手や声優に、発声法などを教えることが仕事。
・人に教えることやコミュニケーションが好きな人が向いている。

レコード会社

レコード会社では、CDの企画・制作、営業、宣伝活動などが行われており、さまざまな職種の人たちが所属しています。ミュージシャンの育成や楽曲の発掘などを行う「アーティスト＆レパートリー」、ミュージシャンのCDの売り上げを伸ばすため戦略を練る「宣伝プロモーター」、ファンイベントの企画や運営、ファンクラブ会員の管理などを行う「ファンクラブ企画運営」といった職種があげられますが、これらはほんの一部です。ユニークな発想ができる、人をまとめることが上手など、自身の得意なことを生かせる職種が見つかるでしょう。

POINT
・レコード会社には、さまざまな職種の人が所属している。
・さまざまなアーティストの作品にかかわれる、人気の職業。

音楽ディレクター

音楽作りにおいて中心的な役割を果たすのが、音楽ディレクターです。イメージ通りの曲を作ってくれそうな作詞家や作曲家の選定、曲の方向づけ、曲ができあがるまでのスケジュール管理など、曲作りの全体を把握し、調整する仕事です。

音楽が好きで、楽譜が読めることは必須条件。また、ミュージシャンをはじめとする関係者に曲のイメージをわかりやすく伝えたり、交渉したりするため、表現力が豊かで人とコミュニケーションを取ることが得意な人が向いています。音楽ディレクターは責任者でもあるため、決断力も必要です。

POINT
- 音楽作りにおける責任者で、全体を取りまとめる。
- 営業部や宣伝部などで経験を積んでいる人が多い。

スタジオミュージシャン

ミュージシャンや歌手がスタジオで楽曲を録音（収録）するときに、バックで楽器を演奏するのが、スタジオミュージシャンの仕事です。演奏のプロであることが求められるため、プロのオーケストラやバンドなどでの演奏経験を持つ人が活躍できる傾向があります。また、初対面のミュージシャンの収録に参加することも多いため、誰とでもコミュニケーションがとれる人が向いています。

演奏実績を積んだあと、レコード会社やマネジメント会社に所属する人が多いのですが、中にはフリーランスとして活動する人もいます。

POINT
- 高い演奏技術が必要で、プロとしての演奏経験は必須。
- 演奏できる音楽のジャンルが幅広いと活躍できる。

好きなモノから見つけるお仕事

ゲーム

あそびから見つける 5

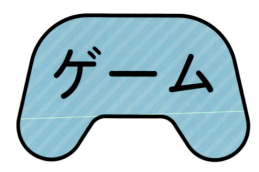

ゲームを考える

\もっと/
くわしく
株式会社バンダイナムコ
エンターテインメント
森口拓真さん
▶P40-41

ゲームプロデューサー
ゲームの企画から発売までのスケジュールや予算、人選など、全体的な管理をする。ゲームの仕様書と制作スケジュールをもとに、チームリーダーとして作品にかかわる人たちを取りまとめる。

ゲームプランナー
新しいゲームのコンセプトやテーマなどをプロデューサーらと考える。企画したゲームのシステムなど、ゲームの設計図である「仕様書」を作る。

ゲームを作る

▶P44

\もっと/
くわしく
株式会社バンダイナムコ
スタジオ
岩本稔さん
▶P42-43

シナリオライター
プレーヤーの選択で変わる展開に応じて、物語の流れやキャラクターのせりふなどを考える。

ゲームキャラクターデザイナー
ゲームに登場するキャラクターの表情や服装、シチュエーションなどを考えて作る。

ゲームにはRPG（ロールプレイングゲーム）やシューティングゲームなど、さまざまなジャンルがあります。多くの要素で構成された作品は、それぞれ専門のクリエイターたちの力を結集して作られています。

ゲームを届ける

通信会社
ゲームを配信したり、運営したりする。

販売店・小売店
ゲーム機やパッケージ版のゲームソフトを販売する。

あなた

▶P44

サウンドクリエイター
ゲームの世界観やキャラクターに合った音楽、効果音を作る。

▶P45

ゲームプログラマー
コンピュータのプログラム言語を駆使して、実際にゲームを動かすプログラムを作る。

▶P45

CGデザイナー
専用ソフトで平面や立体などのCG（コンピュータ・グラフィックス）やアニメーションを作る。

グラフィックデザイナー
ゲームのロゴや宣伝用に使うポスター、パッケージなどを作る。

ゲームプロデューサー

株式会社バンダイナムコ
エンターテインメント
CS事業部第2制作宣伝部
森口　拓真さん

入社9年目。携帯アプリ開発、営業担当、家庭用ゲームの開発を経て、プロデューサーに。

ゲームプロデューサーってどんな仕事？

デザイナーやプログラマーなど、ゲームを作るチームを束ねるリーダーです。新作の企画を出すところからはじまり、スケジュールやメンバーの仕事の管理、アイデアの取りまとめ、方向性の決定、予算の配分などを行います。また、テレビCMなどの宣伝も担当します。

ゲームプロデューサーのある1日

出社後はメールなどの連絡事項を確認。届いた書類やデータも細かくチェック！

10:00 AM

ほかの制作会社と打ち合わせ。制作中の作品の進行確認や新企画の相談などを行う。

11:00 AM

Q この仕事をはじめたきっかけは何ですか？

現在、プロ野球を題材にしたゲーム「ファミスタ」を担当しています。小学校から高校まで野球をやっていた私としては、楽しい仕事です。キャッチャーだった私は、ひとりチームのほうを向いて、状況を見極めて指示を出したり、意見をまとめたりしていました。今も、チーム全体を見て、メンバーの状況を把握したり、まとめたりと、同じような役割をしています。ゲームも大好きだったのですが、中学生のときに野球でいそがしくなってからは、ゲームを卒業しました。しかし、大学生になって久しぶりにゲームをしたら、夢中になってしまい、それがきっかけでこの会社に就職しました。今は、大好きな野球とゲームの両方にかかわれて幸せです。

Q この仕事をしていてよかったと思ったことを教えてください。

ある夜、帰りの電車の中で、となりに立っている人が一生懸命ゲームをしていました。ちらっと画面が見えたのですが、それは私たちが作ったゲームでした。友だち以外の人がプレーする場面はなかなか見る機会がないので、すごくうれしかったですね。つかれているはずなのに、移動中もプレーをしてくれる。そんなゲームを作れたことが誇らしい瞬間でした。制作中はハードな日も多いのですが、大きないやしをもらった気がします。

他社の
このゲームが
はやってるのか

おそめのお昼は社員食堂で。空いた時間はつねに最新の情報に目を光らせている。

新企画の会議。基本設定やテーマなどをしっかり話し合う。いろいろ意見を出し合い、よりよいものを目指す。

1:30 PM　　　3:00 PM　　　5:00 PM

問題点など見つかりましたか?

ほかの部門のリーダーと打ち合わせ。スムーズに作業が進むよう情報交換をする。

ゲームプロデューサーの こだわり！

▶ 1 ◀
興味のあるなしに関係なく、一度は流行に乗り、どんなものかを知る。

▶ 2 ◀
きらいなものにも積極的に近づき、どんどん経験して知識を増やす。

▶ 3 ◀
何も考えていない時間をなくし、つねに「人の心に何が届くのか?」を考える。

ゲームプロデューサーになるには?

中学
↓
高校
↓
大学　　ゲーム系専門学校
↓
ゲーム制作会社に就職

大学や専門学校を卒業してゲーム制作会社に就職する。現場で経験を積んで、ゲームができるまでの流れをつかんでいく。たくさんのメンバーと協力し、多くの関係者と交渉・調整する力をつける必要がある。また、根気とアイデアも大事。

この本を読んでいるみなさんへ

いろいろなマンガ、アニメ、映画に幅広くふれてください。勉強面では国語を積極的に学び、さまざまな表現を知ることが大切。興味のない分野も体験すると、知らなかった感動や表現法を発見できます。

ゲームキャラクターデザイナー

株式会社バンダイナムコ
スタジオ VA統括本部
岩本 稔さん

「テイルズ オブ」シリーズ*のキャラクターデザインやアートディレクターを務める。
*「テイルズ オブ」シリーズは、バンダイナムコエンターテインメントのシリーズです。

ゲームキャラクターデザイナーってどんな仕事？

ゲームに登場するキャラクターの「生みの親」。主人公や仲間、敵などの顔、姿、衣装、持ち物などを考え、作るのが仕事です。かっこよさやかわいさ、豊かな表情や性格、武器などのアイテムなどを何十パターンも考えながら、登場人物一人ひとりを作りこみます。

ゲームキャラクターができるまで

アイデアを出して、資料などをもとに何パターンもラフ（下描き）を描く。先入観にとらわれない豊かな発想が必要。

①アイデア出し

どのキャラクターがよいか、どう修正するかをメンバーで話し合い、採用するキャラを絞りこむ。

②絞りこみ

Q この仕事をはじめたきっかけは何ですか？

子どものころから、根っからのゲーム好きでした。ゲームが楽しくてしかたなく、飛んだりはねたり笑ったり泣いたりするキャラクターが、本当に生きているように感じていました。一方で、ものを作ることも大好きで、親が家を建てたときには毎日のように建築現場へ行って、大工さんの仕事を見たり、道具にさわらせてもらったり、かんなくずや木の切れはしなどをもらって工作をしたりしていました。そうやって、ものを作る楽しさ、奥深さを知ったんですね。

今の仕事は、ゲーム少年と大好きなものづくりがうまくミックスした結果かもしれません。「自分もこんなキャラクターを作りたい」という当時の夢が現実になったのです。

Q この仕事の魅力と難しいところを教えてください。

いちばんうれしいのは、自分が苦労して生み出したキャラクターが、3次元の立体画像になって、自由自在に動いたときです。自分の分身ができたような喜びを感じます。さらに、店頭で子どもたちが「かわいい♪」「かっこいい！」と喜んでいるのを見ると、自然とニヤニヤしてしまいます。

苦しいのは、アイデアが出てこないときです。そんなときの絵は、きれいに見えても線や表情、色などに、どこか苦しさが出てしまいます。

選ばれたキャラクターに合う服や表情、アイテムなどを作りこむ。

完成したキャラクターのデータをゲームに組みこみ、細かい修正を重ねながら発売を目指す。

④設定画作成

⑤モデリング

③作りこみ

⑥完成

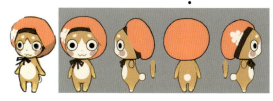

3DCG（3次元の立体画像）にするために、前後左右上下など、あらゆる角度でキャラクターの設定画を描く。

モデラー（キャラクターの3次元データを作る人）が3DCGを作り上げる。

ゲームキャラクターデザイナーの

▶ 1 ◀
人にどう伝わっているのか、よい点と悪い点の両方を知り、次へと生かす。

▶ 2 ◀
マンガやアニメだけではなく、アイデアの引き出しを増やして「好き」を表現できるようにする。

▶ 3 ◀
ゲームは楽しむためのもの。作る側も楽しく仕事を進めなければおもしろいものはできない！

ゲームキャラクターデザイナーになるには？

中学 → 高校

↙ ↓

美術系大学　　美術系・ゲーム系専門学校

↓　　　　　　↓

ゲーム制作会社に就職

大学や専門学校を卒業してゲーム制作会社に就職する。美術系の大学は、絵やデザインについて深く突きつめることができるので、技術だけでなくアイデアの奥行きや表現力を高めるのに適している。専門学校は、短期間で技術を身につけることができる。自分に合った進路を選ぼう。

この本を読んでいるみなさんへ

好きなもの、夢中になれるものを見つけてください。すると、行動が変わります。その分野での経験値を上げることができるだけでなく、アイデアの引き出しも増えていくはずです。

ほかにも、こんな職業の人がかかわっているよ！

シナリオライター

ゲームのシナリオライターは、テレビや映画などの脚本家と大きくちがいます。ゲームでは選択肢によって結末が変わることも多く、それに合わせて何パターンも物語を考えなくてはなりません。また、魔法や剣が使える世界、SFの世界など、日常とはちがう世界が舞台であることも多いので、豊富な知識と想像力、表現力が不可欠です。

シナリオライターになるには、ゲーム開発会社に就職したり、コンテストに応募したりするのが一般的です。ゲーム系の専門学校やシナリオライタースクールなどもありますが、必須ではありません。

POINT
- 豊かな想像力で物語を生み出す、ゲーム作りの中心的な仕事。
- 幅広い知識と豊かな想像力、それを表現する日本語力が必要。

サウンドクリエイター

サウンドクリエイターの仕事は、作曲とプログラムで分担することが多いです。ゲーム中に流れる、どきどきするような音楽や勇ましい曲、また、剣で切る音や魔法の音などの効果音を作る作曲者と、出来た音楽をプログラムに変換し、ゲームに組みこむサウンドプログラマーがいます。ゲームは収録できるデータ容量が決まっているので、その範囲内ですべての音を作る必要があります。

作曲者になるにはセンスと想像力が大切で、音楽を専門に学びます。プログラマーになるには、情報系の大学やゲーム系専門学校で学びます。楽譜を読めることも大事です。

POINT
- ゲーム中に流れる音楽や効果音を作り、収録する仕事。
- 音を作る作曲担当と、音をプログラムする人に分かれる。

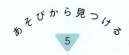

ゲームプログラマー

プログラマーは、コンピュータを動かすプログラムを作成する仕事です。ゲームの場合は、プレイヤーがどのボタンをどのタイミングで押すか、そのときにキャラクターや画面がどう動き、その結果どうなるか、といった、ありとあらゆるパターンに正確に反応するプログラムを作る必要があります。大勢のプログラマーと分担して作業し、できたプログラムを組み合わせて、うまく動くよう確認したり修正したりしながら完成させます。

プログラマーになるには、情報系の大学やゲーム系専門学校で学び、ソフトウェア開発会社などに就職します。

POINT
- ゲームを動かすプログラムを作成する仕事。
- 複数のプログラム言語を使い、細かい作業をするので根気が必要。

CGデザイナー

CGとはコンピュータ・グラフィックスの頭文字で、コンピュータで描くイラストのことです。CGデザイナーは、専用のソフトウェアを使い、ゲームの内容や雰囲気に合わせて、建物や風景、乗り物などのイラストを描き、ゲームの世界を形作ります。作業はチームで行い、場面や難易度などで担当を振り分けます。

CGデザイナーになるには、絵を専門的に学ぶことはもちろん、コンピュータや最新のソフトウェアの使用法を学ぶ必要があります。そのために、英語力が必要な場合もあります。

POINT
- ゲームの内容に合わせて、ゲーム画面の建物や背景などを描く仕事。
- 専用のソフトで、平面的・立体的な絵を描く技術が必要。

コラム

職場体験学習へ行こう！
～将来なりたい職業を考えてみよう～

多くの人は、40年ほど社会人として働きます。それだけの時間を仕事に費やすのですから、自分にぴったりの仕事を見つけたいものです。そこで、学校で行う職場体験を大いに活用しましょう。体験学習をする前に、まず「どんな職場で、どんな仕事をしたいのか」を考えることが大切です。好きなもの、得意なこと、興味のあること、自分の性格に合うかどうか……など、いろいろな視点で探してみましょう。

なりたい職業の見つけ方

1 "好き"から職業を見つける

時間が経つのを忘れるほど夢中になれることを仕事にできれば、幸せです。きっと毎日わくわくして、楽しく仕事ができるでしょう。でも、仕事では必ずつらいこと、自分の考えと合わないことが出てきます。そんなとき、好きなことそのものをきらいになって、挫折してしまう人もいます。その一方で、苦しさを乗り越えて達成感を味わい、「前よりもっと好き！」と感じる人もいます。いろいろな可能性を考えてみることが大切です。

みんなアニメが好き！だけど……

- CGアニメがかっこいい！僕はCGを作りたい！
- 主人公になりたい！だから、声優を目指すんだ！！
- かわいいキャラクターが好き！私はかわいい絵を描きたい！

同じ「アニメ好き」でも、好きなものが少しずつちがいます。どこが、どのように好きなのかを考え、それに近い職業を探してみましょう。

2 興味のある職業を深く調べる

「この前ドラマで見たお医者さん、とてもかっこよかったけど、実際に自分がなるには大変そうだなあ」。知っている職業について、ドラマや映画のイメージから、仕事のすべてを決めつけてはいませんか。ドラマなどは、おもしろくするために実際より大げさに描かれていることが多いものです。仕事に興味を持つことは大切なので、まずは、興味がある職業について、よく調べてみましょう。ドラマではわからなかったことや、よりくわしい情報を知ることができます。

また、学校の先生やレストランの店員など、身近で知っているように思える職業も、私たちから見えている仕事はごく一部です。調べることで、新たな一面を知ることができるでしょう。

興味のある職業や、それに関係した仕事をいくつも考えてみましょう。「もっと知りたい！」と思えるものがあったら、本やインターネットで調べてみましょう。

3 性格・価値観から見つける

人の世話が好き、正義感が強い、几帳面、早起きが苦手、ひとりで行動するのが好き……。人はみな、考え方や性格が一人ひとりちがいます。そうした自分の内面に合わせて職業を選ぶのも大切です。もし性格に合わない仕事に就いたら、つらくて長続きしないでしょう。たとえば、スポーツが得意でもみんなで行動するより一人でいるのが好きな人がサッカーや野球の選手になったら、チームで行動したりすることを苦痛に感じてしまうかもしれません。自分の内面を知るには、「私ってどんな人？」とまわりに教えてもらうのが早道です。その答えを参考に、自分でどんな職業が合うかを考えてみましょう。

友だちや家の人と話すと、自分の知らない自分を知ることができます。その意見を参考に、自分の性格に合っている職業を調べてみましょう。

【監修】
藤田 晃之（筑波大学 人間系 教授）

【取材協力】
株式会社スターダストプロモーション
　http://www.stardust.co.jp/
千葉テレビ放送株式会社
　http://www.chiba-tv.com/
東京ヴェルディ株式会社
　http://www.verdy.co.jp/index.html
宮西 達也
株式会社エッグマン
　http://eggman.jp/
株式会社サウンドインスタジオ
　http://www.sound-inn.com/soundinn_top.html
株式会社バンダイナムコエンターテインメント
　https://bandainamcoent.co.jp/
株式会社バンダイナムコスタジオ
　http://www.bandainamcostudios.com/

【編集】
澤野 誠人（株式会社ワード）
橋本 亜弓（株式会社ワード）

【ブックデザイン】
筧 真理子（株式会社メタ・マニエラ）

【表紙イラスト】
すどうまさゆき

【本文イラスト】
すどうまさゆき，原田 マサミ，PIXTA

【撮影】
カトウキギ　　　　　P.6-7
中嶋 伸拡　　　　　P.8-9
伊ケ崎 忍（studio 76）P.14-17
鈴木 智博　　　　　P.24-27,32-35,40-43

【写真提供】
後藤 壮太郎

【執筆】
緒方 佳子　　　　　P.6-11,14-19,32-37
加藤 達也　　　　　P.20-21,40-47
古川 智子　　　　　P.24-29

【編集協力】
秋下 幸恵，石割 とも子，遠藤 理恵
佐藤 玲子，鈴木 瑞穂

NDC 366
キャリア教育にぴったり！
好きなモノから見つけるお仕事
① あそびから見つける

学研プラス　2018　48P　28.5cm
ISBN 978-4-05-501240-9　C8337

2018年2月27日　第1刷発行
2020年8月3日　　第4刷発行
発行人　　川畑 勝
編集人　　藤井 利昭
編集長　　小椋 恵梨
編集担当　徳永 智哉
発行所　　株式会社学研プラス
　　　　　〒141-8415
　　　　　東京都品川区西五反田2-11-8
印刷所　　図書印刷株式会社
DTP会社　株式会社四国写研

この本に関する各種お問い合わせ先
●本の内容については、お問い合わせフォームよりお願いします。
https://gakken-plus.co.jp/contact/
●在庫については
Tel　03-6431-1199（販売部直通）
●不良品（落丁、乱丁）については
Tel　0570-000577
学研業務センター
〒354-0045　埼玉県入間郡三芳町上富279-1
●その他は
Tel　0570-056-710（学研グループ総合案内）

©Gakken

本書の無断転載、複製、複写（コピー）、翻訳を禁じます。
本書を代行業者等の第三者に依頼して
スキャンやデジタル化することは、たとえ個人や家庭内の
利用であっても、著作権法上、認められておりません。
複写（コピー）をご希望の場合は、下記までご連絡ください。
日本複製権センター　https://jrrc.or.jp/
E-mail：jrrc_info@jrrc.or.jp
®〈日本複製権センター委託出版物〉

学研の書籍・雑誌についての新刊情報・詳細情報は、
下記をご覧ください。
学研出版サイト　https://hon.gakken.jp/

キャリア教育にぴったり！

好きなモノから見つけるお仕事（全4巻）
各巻の紹介

① あそびから見つける

テレビ（タレント・モデル、テレビプロデューサー）
サッカー（サッカー選手、サッカーコーチ）
絵本（絵本作家、絵本の編集者）
音楽（ミュージシャン、レコーディングエンジニア）
ゲーム（ゲームプロデューサー、ゲームキャラクターデザイナー）

【コラム】
・職場体験学習へ行こう！
　〜将来なりたい職業を考えてみよう〜
・ものを作るお金はどこから来るの？
　〜会社と銀行・株式〜

② 家の中で見つける

ケーキ（ケーキ開発者、パティシエ）
カメラ（プロダクトデザイナー、宣伝担当）
薬（歯科技工士、MR）
洋服（ファッションデザイナー、アパレルのグラフィックデザイナー）
新聞（新聞記者、印刷技術者）

【コラム】
・職場体験学習へ行こう！
　〜職場体験へ行く前に準備をしよう〜
・ものづくりを支える運輸業

③ 家の外で見つける

空港（パイロット（操縦士）、グランドスタッフ）
動物園（飼育員、動物園の獣医師）
劇場（文楽の技芸員（太夫）、舞台製作）
建物（建築士、インテリアコーディネーター）
電車（電車運転士、車両整備士）

【コラム】
・職場体験学習へ行こう！
　〜礼儀やマナーに気をつけよう〜
・海外の注目を集める日本の仕事
　〜伝統芸能のいろいろ〜

④ 学校で見つける

ピアノ（ピアノ製造担当者、調律師）
理科室の道具（標本士、顕微鏡の開発者）
ランドセル（タンナー（革職人）、かばん職人）
木の遊具（林業作業士、スポーツ器具製造職人）
給食（管理栄養士、農家）

【コラム】
・職場体験学習へ行こう！
　〜体験内容を発表しよう〜
・海外の注目を集める日本の仕事
　〜伝統工芸のいろいろ〜